# A LA
# CHAMBRE DES PAIRS.

HONNEUR, DEVOIR, INTÉRÊT.

> Il y a à faire de la pairie, ni une première, ni une seconde chambre, mais une autre chambre; une chambre à titre pareil, à pouvoir égal; une chambre qui, de même, tire son être de ce qui possède la vie; une chambre enfin, qui ressemble d'origine, et diffère de nature, et équivaut en puissance. (*La pairie jugée par les pairs.*)

PARIS.
A. PIHAN DELAFOREST,
IMPRIMEUR DE LA COUR DE CASSATION,
rue des Noyers, n° 37.
1831.

Où donc a-t-il été imaginé que le sceptre, que le sabre même, si puissans qu'ils fussent en droit ou en fait, se soient jamais mis à l'œuvre d'enfanter des pairs, suivant la loi du bon plaisir ?

Quant à Napoléon, sa tâche s'est bornée à laisser s'asseoir au sénat, ses auxiliaires ou ses complices du 18 brumaire; sans se permettre d'en installer d'autres, qu'après la présentation des collèges électoraux.

Quant à Louis XVIII, il a purement et simplement reconnu le droit ouvert à la pairie, en raison des titres analogues à sa position personnelle; en faveur de certains individus prééminens qui, étant par le fait au-dessus des autres, étaient de droit pairs entr'eux.

Or, lorsque la royauté du prestige, du préjugé si l'on veut, devait échouer dans l'invention gratuite des pairs, qu'arriverait-il au roi enfanté d'hier et serré dans ses langes.

.........................................................

On ne transmet point la vie, sauf qu'on la possède en propre, et qu'on en dispose de plein gré.

Dans l'ordre social, il n'apparaît que deux principes, deux sièges de vie : l'un idéal à l'origine et toutefois plus réel en ses conséquences ; l'autre, au contraire, réel par essence, et néanmoins plus idéal dans ses suites :

La souveraineté personnelle et privée, que le conquérant ou l'usurpateur sont tentés de faire dériver du droit divin ; que l'héritier d'une dynastie antique se contente de tenir du droit national :

Et la souveraineté réelle ou publique, qui surgit de temps à autre, à travers les foudres, pour détruire au moins; qui ne s'efface et s'évanouit qu'après que le pouvoir installé en son nom et en son lieu, a été consacré par la prescription immémoriale :

Deux puissances incréées ou censées incréées, par lesquelles est institué tout pouvoir créé, entre lesquelles nul milieu n'existe, puisqu'elles se succèdent et ne se rencontrent pas ensemble.

Aussi, la pairie passée devait émaner de celle-là, consolidée par les siècles ; et la pairie présente ne peut découler que de celle-ci érigée en trois jours.

En delà, au-deçà, qu'on tâte, qu'on tente ; ce n'est que vide, que néant. (*La Vérité politique.*)

De même qu'il a été tenté trop vainement, de conserver la France alors intacte et entière : de même, il est essayé, inutilement peut-être, de sauver le peu qui reste de la France.

Oui ! c'était la vérité pure que portaient ces paroles ; ainsi qu'elle a été manifestée, et qu'elle l'est de plus en plus, par le cours précipité des évènemens.

« Que l'ame se retire du corps ! il reste un froid « et morne squelette, une carcasse calcaire, dont « la tête rencontrée par les fossoyeurs, est jetée « d'un coup de pelle. »

« Que la prérogative soit enlevée au trône ! Il « reste quelques planches recouvertes de velours « sur lesquelles s'élancent, et se combattent et se « renversent tour à tour, les saltimbanques de « l'ambition. »

« Chose triste et vraie ! pour le repos, pour « le salut de l'ordre social, mieux vaudrait « l'usurpation flagrante qui se serait saisie de la « prérogative, que l'antique légitimité qui s'en « laisserait déposséder.

. . . . . . . . . . . . . . . . . . . . . . . . . . . . . . . . . .

« La force a-t-elle raison? Elle est de même « en tort.

« D'un seul coup, la force tue le droit : et se

« jouant de son premier triomphe, se promenant « de hasard en hasard, répugnant à se fixer à de- « meure, rarement il est donné au droit de re- « naître sous les auspices du temps.

« Or, l'être abstrait du prince, c'est le droit « immuable, inviolable : et le parti, ou plutôt les « partis, car l'aggrégation factice se brise aussitôt « et se divise en fractions hostiles, le parti, c'est « la force instable, variable (1). » (*La royauté.*)

Telles sont les dernières lignes écrites en 1829 qui se jetaient comme au-devant d'une crise imminente dans la prévision, qui rendaient comme par un acte de seconde vue, le narré anticipé des suites de l'adresse du 16 mars.

Dieu garde, de ne pas se féliciter d'avoir seul peut-être, déchargé à l'avance, de tout remords, sa conscience; et, en même temps, au même point, de ne pas s'affliger d'avoir fait si peu d'effet sur l'esprit promené de rêves en rêves, sur le cœur possédé par les passions.

Maintenant, sauf un petit nombre de gens n'ayant rien à perdre et tout à gagner, qui donc

---

(1) Une société nouvelle s'était élevée : cette société était barbare; elle n'avait pas trouvé ni acquis le vrai principe de la civilisation, le droit, sans lequel il n'y a rien sur la terre.

La légitimité qui seule en avait conservé le dépôt, pouvait seule le lui rendre : elle le lui a rendu. Avec la race royale, le droit a commencé à lui apparaître.

(*M. Royer-Collard*, 1820.)

ne désirerait pas, au fond de l'ame, de voir le temps rétrograder, ou plutôt s'effacer, s'évanouir; de se voir, soi-même, remis à deux ans en arrière, et rentré dans le libre arbitre de ses faits.

Eh bien! dans deux ans, en un an et moins, tant les jours vont vite, il en sera de même.

Nul ne veut entendre avant; il faudra bien que chacun entende après.

Et pour tous, que de regrets, que de tourmens.

Osons le dire. Ils seront plus amers, plus âpres qu'à présent même : car, encore, c'est peu que la chute, que la perte de la royauté, auprès de la perte, de la ruine de la société.

Car, ce n'était tout aux temps des prophéties, de préserver, de sauver la royauté, qu'en ce qu'il n'y avait d'autre moyen évident, efficace, de conserver, de sauver la société.

On le voit maintenant : on le voit trop tard.

Cependant, bien que la certitude soit ravie, bien que des chances se rencontrent seules ; est-ce donc qu'il faut se désespérer, ou s'étourdir sur ses torts, sur les périls, et se jeter tète baissée vers l'abîme.

Au moins celui qui prévit, qui prédit tout, voit encore quelque lueur propice à travers le chaos des ténèbres, dit encore en quelle façon, il se peut faire, non pas que de long-temps, le mal retourne en bien, mais que le mal ne tourne pas de pis en pis.

Toutefois, à qui parler ? sur qui agir ?

De toute part on s'anime, on résiste ; de nulle part, on ne réfléchit, on ne s'avance.

L'opposition, ainsi nommée aux plus justes titres, est de sorte négative, et n'a point de caractère positif.

Tout est parti, parce que tout est passion : il n'y a que passion, parce qu'il n'y a qu'impuissance.

Autrement, pourquoi cette alliance contre nature entre les opinions les plus ennemies ? Autrement, comment cet accord à suivre les mêmes voies, alors que parvenus à l'une ou l'autre fin, on aurait à s'exterminer.

Les partis sont hostiles dans les vues, et se rallient quant aux moyens.

Détruire, est l'œuvre commune, est la tâche mutuelle : quant à reconstruire, on y avisera en temps opportun.

En tout cas, la passion se sera donné des douceurs de vengeance; la vanité aura montré des signes de puissance.

D'abord, combattre et vaincre ensemble; puis, se battre et se vaincre à part. On ne doute pas de l'un ; on ne songe point à l'autre.

*Delenda est....* tel est le mot d'ordre ; en toute occasion appliqué, et au ministère actuel tant qu'il existe ; et au ministère futur, s'il advient; et généralement au pouvoir, en quelques mains qu'il passe, en quelque sens qu'il agisse.

Et à l'autorité, abstraitement, absolument parlant: c'est-à-dire, à la règle quelconque, à l'ordre quelconque, au bien-être quelconque, que seule elle entretient et soutient.

Et à la société, en son essence, en sa nature: non sans cette réserve intentionnelle, qu'après l'avoir plongée dans le chaos, il y aura à l'y rechercher, à l'en retirer, à la recréer.

Voilà bien l'opposition de droite, et l'opposition de gauche: l'une et l'autre, de même égarées en leurs voies, de même s'écartant de leurs fins.

Lesquelles, comme s'il ne leur était pas donné de perdre à elles seules la patrie, sont merveilleusement aidées par l'esprit de convoitise et de flatterie, qui cerne et circonvient le pouvoir, qui enfle et enorgueillit le pouvoir, qui, laissé à lui-même, suffirait à le perdre.

Royalisme, libéralisme, ministérialisme, allez donc, marchez d'autant plus vite, précipitez vos pas.

Étant tous en accord, vous êtes certains de ne pas manquer le but, vous ne tarderez pas à atteindre au terme de la dissolution de la société.

Et là, pour vous d'abord, comment rappele raffermir la douce, la bénigne royauté ?

Pour vous ensuite, comment fonder, édifie la pleine et parfaite liberté ?

Déja peut-être, alors sans nul doute, si le sa bre éclatant ne s'élève à temps, rien que la barr écrasante, sera en état de remettre la paix, de ré tablir l'ordre, de ramener le bien être.

« Sur les débris de ces dogmes primitifs, le
« droit divin des couronnes et la suprématie du
« saint-siège, s'élance et s'agite le principe plus
« vivace de la souveraineté du peuple. »

« Or, c'est peine oiseuse que de se débattre
« sur la vérité et la fausseté de quoi que ce soit,
« devant la nécessité qui commande; que de se
« mettre en quête des idéalités, en ces temps
« qu'ont envahis les réalités. »

« Contre le principe de la souveraineté du
« peuple, une objection seulement est bonne à
« faire. »

« C'est qu'il ne peut être mis en pratique. »

« Essentiellement, l'attribution du droit serait
« personnelle, et la participation à l'acte serait
« égale : la majorité numérique ferait autorité. »

« Et, ne disons pas que le premier mouve-
« ment de la majorité tendrait à dépouiller, à
« exterminer la minorité : donnant l'exemple le
« plus séduisant à la nouvelle majorité qui se
« formerait dans l'ancienne, devenue ainsi la
« totalité : sans qu'il y eût une fin possible que
« sous le morne règne du dernier survivant. »
(*La Royauté*, 1829.)

Dès lors la question fut franchement posée; maintenant la question sera nettement tranchée.

Qu'on se rappelle donc? et si l'on profite de la faute, qu'on profite aussi de la leçon.

Hélas! pourquoi la royauté s'est-elle brisée; ou comment a-t-elle été brisée?

Ne disons rien de ses ennemis qui même ne haïssaient pas le trône, et seulement enviaient le pouvoir; si bien que leur désappointement surpasse leur satisfaction, après avoir, du même coup, gagné celui-ci et perdu celui-là (1).

Les ennemis n'eussent rien fait; les amis ont fait tout.

Et pour parler vrai, tant qu'il restera de tels amis, trop semblables à l'ours de la fable, veuille le ciel, refuser aux regrets, aux remords des ennemis, la plus sinistre, la plus fatale restauration.

Pourquoi? comment? Le voici.

On façonnait le droit à son idée; on laissait le fait pour mémoire.

On prétendait tenir la ligne de l'absolu, qu'il est réservé de garder, à l'Être suprême, qu'il n'est permis de consacrer qu'à l'égard des vérités révélées.

On oubliait que la frêle espèce humaine est confinée, est condamnée à se mouvoir, dans le cercle du relatif, du provisoire, du conditionnel.

Or, la règle est la même pour la souveraineté nationale, comme pour la souveraineté royale.

---

(1) Les 221 qui ont poussé les Bourbons vers l'abîme, ne voulaient que déplacer des portefeuilles lorsqu'ils ont brisé des couronnes. (*M. Pagès*, 18 octobre.)

Partout, absolu et absurde sont synonymes.

En tout, d'après la portée des facultés de l'homme, il part d'un principe juste, il aboutit à de fausses conséquences.

On pourrait dire qu'il lui est dénié de suivre la voie de déduction, qu'il lui est prescrit de se limiter au mode d'induction.

L'homme ne veut pas.

Devant le fait, il se décide, il s'empresse même à s'y soumettre ; et cependant, il répugne, il résiste à l'admettre.

Il faut décorer le fait, le revêtir des insignes du droit; et pour lors, au lieu de rougir du joug, on s'honore de la chaîne.

D'où il suit que le droit, au moins en tel ou tel point, cloué et comme rivé dans les têtes, par le laps de temps, y demeure intact; après que le fait qui lui donna naissance est mis à néant, est refoulé dans le vague, dans le vide.

Quelle inconséquence !

Il fut une déplorable catastrophe, qu'aucun, à bien dire, n'a complotée sciemment, dont tout le monde avant peu, est ou sera mécontent, et qu'il n'est ni ne sera donné à personne de réparer.

Tout est achevé, tout est consommé : ici, on se résigne, là on se réjouit. Nulle part on n'y veut reconnaître la puissance du fait.

Ne parlons que des heureux du jour. Ils n'y voient, non pas avant, mais après l'évènement, que le principe de la souveraineté du peuple.

Et ils trouvent bon, juste, simple, que devant le formidable principe, se soit évanouie soudain, ainsi qu'une frêle ombre, cette royauté de vieille roche.

Puis, le génie s'arrête et le sens faillit : la force s'est épuisée dans l'effort; après un tel pas, le plus grand qu'il y eût, un autre pas, si petit qu'il soit, ne peut se faire.

A entendre les gens, cette vague impétueuse qui a balayé la royauté, n'a pas osé affronter la pairie.

Apparemment que le monde moral et physique étant abîmé, la pairie surnagerait encore.

De là, tant d'angoisses, tant d'incertitudes, tant d'impossibilités; ainsi qu'il arrive en ne voyant pas ce qui est, en ne voulant pas ce qui se peut.

En vain on renie le fait : ou sinistre ou propice, rien n'altère son existence, n'atténue sa puissance.

Un mot dit tout.

Le soleil éteint, plus de rayons : la source tarie, plus de ruisseaux.

Déja la pairie était pâle et terne, alors même que la royauté remontait sur l'horizon, et reprenait de l'éclat. L'astre, depuis peu ressuscité, ne projetait pas des émanations vives et fortes.

Maintenant que l'astre est enfoui sous les ténèbres, la lumière expire au foyer, se retire de la sphère.

La révolution d'Angleterre trompe. La pairie existait d'origine, ne procédait de personne.

D'abord rivale, elle luttait contre le trône : ensuite hostile, elle disposait de la couronne.

En installant la nouvelle dynastie, la pairie s'intronisait d'elle-même.

Ici tout au contraire.

La pairie fut tirée du néant, à la voix de cette royauté qui est rentrée dans le néant.

La pairie fut ralliée, fut comme roulée autour du vieux pivot de la pairie féodale, qui s'est fondu sous le coup de la foudre.

De plus, soit peur, soit pudeur, la pairie est restée neutre, nulle : s'abstenant de défendre celui dont elle tenait la vie, ne s'aventurant pas à aider ceux qui la menaçaient de mort.

La pairie n'est plus : et parce qu'elle surgit d'un principe maintenant répudié ; et parce qu'elle s'appuyait sur un système maintenant éliminé.

La pairie n'est plus, parce qu'elle ne s'est point mêlée à la révolution, parce qu'elle n'est point adaptée à la révolution.

Il fallait faire choix : il y avait à marcher en avant, ou à battre en retraite.

Qu'on attaque, qu'on usurpe : c'est le titre le moins valide moralement, le plus valable réellement.

A celui qui emporte le fait de vive force, le droit toujours timide, ne tarde pas à porter son hommage.

Que dire encore ? ceci seulement.

Il n'y a plus de roi de France : chose convenue.

Il n'y a plus de pairs de France : chose sous-entendue.

Le roi des Français implique les pairs des Français.

Mais quelle étrangeté ! quelle absurdité ! la contradiction est dans les termes même.

Concluons.

La charte de 1830, méditée à loisir, rédigée en accord, eût consommé ou commandé la réformation, la renovation de la pairie.

Car de toutes les lois qui régissent le monde moral, il n'en est aucune aussi rigide, il n'en est peut-être qu'une absolue : l'incompatibilité.

L'homme ou le corps, n'existe, à bien dire, qu'à l'une ou l'autre de ces conditions : la première, d'un ordre tout-à-fait inférieur; la seconde, de l'ordre le plus éminent.

D'abord, c'est d'être soi, d'être à part de tout autre, de n'être le même qu'aucun.

A ce seul titre, déja quelque force, quelque durée sont dévolues : déja une certaine influence ou puissance est exercée.

Il y a identité d'existence morale, sous la continuité de la substance matérielle : il y a efficacité d'influence sociale, envers ce qui est de sorte analogue, quoique diverse.

L'homme ou le corps a un être, parce qu'il est un être.

Autrement, et l'un et l'autre n'ont que la forme, ne sont qu'une forme, sujette à s'altérer, à se dénaturer au gré du sort.

Si la vie, banalement dite ne fait pas défaut, l'existence à vraiment parler, manque.

On vit, tantôt d'une vie, et tantôt d'une autre : jamais d'une vie d'origine et d'essence, toujours d'une vie d'emprunt et d'occasion.

On ne vit pas d'une vie à soi; on n'existe pas de son existence. On a bien une vie; on n'a pas une existence.

Cependant, *d'être soi*, peut se rencontrer et même se prolonger, en l'absence de causes tendant à l'empêcher.

D'être soi, implique l'indépendance, n'emporte point l'influence.

Jadis éparpillé et errant sur la terre, puis confiné et isolé dans les campagnes, l'homme reste machinalement en cet état.

Il laisse aller, il se laisse aller : n'étant point contraint à aucun effort, attendu qu'aucun obstacle ne le contrarie.

Mais, dans les temps, dans les lieux adonnés aux progrès de la civilisation, et en raison de l'extension, de la complication des rapports, tout change de face.

Les individus se pressent et sont pressés les uns et les autres; ils agissent et réagissent les uns sur les autres; ils modifient et se modifient les uns par les autres.

Alors l'indépendance est à peine conservée par la résistance passive : elle ne se consolide que par l'action soutenue et continue.

L'initiative est à prendre.

Au lieu qu'il suffisait de se prêter à l'acceptation pure et simple des droits de la nature; dans la lutte des forces respectives, il est requis de les ravir et de les défendre à main armée.

Il n'y a plus *à être soi :* il faut *se faire soi.*

Or, aussitôt qu'on veut, on peut : le vouloir étant dans l'ordre moral, identique au pouvoir.

Examinez cette espèce humaine. Non pas à sa première origine, mais en son état actuel, il ne s'y rencontre, ce semble, que deux élémens constitutifs.

C'est comme un alliage de boue honteuse à fouler aux pieds, et de brume vaniteuse à chasser d'un souffle.

Rien d'intact et de pur; rien de compacte et de fort : timide, on est enveloppé, étouffé; résolu, tout s'affaise, s'évapore.

L'abîme s'ouvre pour celui-là, et l'espace devant celui-ci.

Voyez les Bourbons; voyez Napoléon.

Le dernier qui a voulu d'emblée et sans cesse et jusqu'au bout: les premiers qui, d'abord, voulaient et ne voulaient pas, qui, enfin se sont mis à vouloir, presqu'à leur insu, et à l'improviste quant aux autres.

Ceux-ci ont annoncé, affiché vouloir; celui-là s'est montré, s'est manifesté vouloir.

Et en ce genre, ce qui se dit n'est rien; ce qui se fait est tout: sur ce point, la déclaration n'a que la valeur d'un mot; au lieu que l'acte porte le signe de la révélation.

En voilà trop : d'autant une pensée est vraie, d'autant elle est moins entendue; car le vrai est neuf, est à entendre à nouveau.

L'homme n'entend que ce qu'il a déja compris, n'apprend que ce qu'il sait déja. Tout l'art des écrivains se borne à lui représenter sa propre pensée, enveloppée de formes nouvelles, que l'esprit perce sans trop d'efforts, charmé et ravi de se retrouver au fond.

Revenons, au sujet de la pairie jugée par les pairs : et cela sans trop de honte, puisque le sort ordonne que l'ordre moral se fonde sur l'ordre matériel, tandis que selon les voeux impuissans, l'ordre matériel devait émaner de l'ordre moral.

Par honneur, par devoir, par intérêt, que la pairie veuille.

Et qu'elle ne veuille pas seulement de parole : signe autrefois sacré et puissant, parce que la pensée la dictait et que l'action s'ensuivait; maintenant par la raison contraire, signe avili, illusoire.

Qu'elle veuille, par acte, de fait.

C'est-à-dire, qu'elle veuille ce qu'on n'a pas voulu, ce qu'on ne veut pas.

Le caractère de la volonté n'apparaît nettement que dans l'action d'initiative, ou dans la réaction de refus, de rejet.

Ici, telle est l'importance de cette montre, de cette preuve de volonté, qu'alors même que le projet semblerait parfait, complet, encore faudrait-il se résoudre au rejet en partie.

Car, le projet faisant loi, dorénavant tout autre projet fera loi aussi.

Car, le rejet seul proclame le sentiment de force, l'esprit de résistance ; et met en état de les exercer au besoin, ou met dans le cas de n'avoir pas à les exercer.

« Jamais il ne fut moins brillante, comme aussi plus lumineuse discussion.

« Il n'a été question que de l'impossible : et sans frais, sans efforts, il a été évincé, éliminé.

« Maintenant, vient le tour du possible : car la roue ne manque pas à remplir son office, à montrer telle face, après telle autre. » (*La Pairie jugée par les pairs.*)

L'impossible avait son siège inné dans la chambre des députés : car, encore, en l'absence du temps, ce créateur providentiel, tantôt les peuples, tantôt les rois, ont organisé la société, ont formé ou réformé des pouvoirs.

Mais, qu'une chambre enfante une chambre sœur, impose un tierce pouvoir au peuple qui n'a rien dit, au prince qui n'a rien à dire; et installe en place du pouvoir existant ou censé existant, un pouvoir qui ne sera pas le même, et pourtant qui fera de même?

Que cette chambre enfantant, imposant, installant, n'émane que des votes du trois centième de la population; et toutefois, agisse comme au titre de la souveraineté nationale; et néanmoins prétende régir, régler les destinées du pays?

C'est trop impossible : c'est plus qu'absurde.

La chose change de face, alors que la question passe à la chambre des pairs. Ici, la région du possible s'ouvre sous les pas qui osent y rentrer.

Un corps, un pouvoir a beau jeu, a bonne façon, à disposer de son être, à se modifier, à se sacrifier, sur quelques points, en raison des circonstances, en vue de sa durée future.

Même, ce corps, ce pouvoir propose et ne dispose pas; il reçoit sa force du concours, porte sa sagesse au concours.

Si cette image peut être hasardée, la conception appartient à la pairie, et l'incubation aux deux autres pouvoirs.

La marche contraire a été dictée à l'insu de la raison, par le vague instinct de la souveraineté nationale : si souvent appliquée à tort et à travers; cette fois adaptée tout-à-fait à rebours.

Cette même marche étant poursuivie, emporterait, en dépit de la volonté, la reconnaissance de ladite souveraineté; non-seulement comme étant vouée à détruire et à reconstruire à son gré, mais encore comme étant dévolue, avec les mêmes droits, à la chambre élective.

Il y aurait consécration sous ces deux rapports, si le projet d'article voté par la première chambre allait être adopté *in pleno* par l'autre chambre.

Déja, quant au fond, bien que non dans la forme; déja, quant à l'esprit, bien que non dans la lettre, il y a eu assentiment tacite, aveu implicite à ce sujet, par l'acceptation de la charte dite de 1830.

Lesquels ont été revêtus d'un caractère incontestable, lors du refus de voter, affirmativement ou négativement, sur l'élimination des derniers pairs nommés.

L'acceptation en point de fait, de ce qui n'a été ni discuté, ni délibéré, n'est qu'un acte d'entérinement, d'enregistrement.

Le moyen s'offrait de revenir de ce premier pas, qui fut fait au milieu de la crise, qui, en tout cas, est le seul encore, et par conséquent trace la route sans marquer le terme.

Mais cette fois, comme ce serait le second pas sur la même voie, tout serait conclu, consommé : au cas que l'acceptation s'opérât purement et simplement, s'opérât sans restriction ou extension, sans modification.

Car l'esprit humain n'a pas l'habitude, ni peut-être la puissance de peser ses résolutions, de se décider par la réflexion : à bien dire, il n'est esprit que dans le langage de la vanité; il est vraiment instinct, réduit au sentiment et dépourvu de raisonnement.

Un fait aura eu lieu d'abord; un fait analogue l'aura suivi; cette succession de deux faits, cette identité de deux faits, font le droit à l'idée.

Ensuite, qu'on parle à l'encontre, autant en emporte le vent; qu'on tente d'agir autrement, c'est une révolte, ce semble.

De là, un tel acte, bien que non intentionné, porterait la déclaration explicite, la confirmation libre et volontaire de la souveraineté absolue du peuple, du pouvoir constituant de la chambre.

Et plus de retour, plus de chance.

La survenance d'une crise inverse, la puissance renouvelée du fait, seules y mettraient fin.

Ce serait un pacte fait entre ce débile être de la pairie et cet être formidable de la souverai-neté; un pacte irrévocable, irrémissible, par lequel on s'est donné, on s'est livré à merci.

Certes, la plus belle occasion se présente, de donner signe de jugement, de fournir preuve de volonté, en rétablissant un amendement repoussé par les votes de la chambre, accueilli par les vœux de la France.

« Les membres de la chambre des députés ne pourront jamais être élevés à la pairie pendant la durée de la législature à laquelle ils appartiendront, même quand ils cesseraient d'en faire partie par démission ou autrement. » (*Note à la fin.*

Par ce seul acte, la chambre des pairs montrerait quelle est sa puissance, alors qu'elle part de notions vraies, et aboutit à de justes conclusions ; montrerait que sa force ne doit s'exercer qu'en accord avec les sentimens, qu'au profit des intérêts du pays.

Et voilà une pairie faite ou refaite, ainsi qu'i plaira de l'entendre.

Cependant l'honneur, le devoir, l'intérêt, confondent leurs voix et commandent au delà.

L'honneur qui répugne à se soumettre à la loi infligée, à s'appliquer soi-même la pénitence prescrite, à se châtrer de sa propre main, au premier ordre.

Le devoir qui prohibe de compromettre le repos du pays et de provoquer une révolution nouvelle, par la consécration d'un pouvoir discordant avec l'état des choses.

L'intérêt qui résiste à se jeter sans armes à travers la mêlée, à s'installer en butte à la risée et aux sarcasmes, à la haine et aux vengeances.

Que ceux qui, dans l'absence d'une souveraineté personnelle, capable de vouloir et d'agir, en présence d'une souveraineté publique, impuissante à penser et à parler, sont, par nécessité, et juges et parties, se disent ces simples choses :

N'y ayant plus de roi de France, il n'y a plus de pairs de France.

N'y ayant rien que le roi des Français, il n'y a rien que les pairs des Français.

Car le second titre émane, le second être procède du premier; en sorte que celui-ci s'altérant, celui-là s'altère, et que celui-ci expirant, celui-là expire.

Mais comment *être*, comment *se faire* les pairs des Français ?

Quant à l'être, ce semble d'abord impossible, incompatible! Les Français étant pairs entr'eux, les pairs n'étant pas Français au-dessus des autres.

Aussi telle fut la première parole.

« Le nom même est à changer : à un sénat usé, « la pairie sncćéda ; à une pairie finie, que le sé- « nat soit substitué. » (*Des mots vides de sens*, août 1831.)

Et telle fut la parole suivante :

« Il faut puiser à une autre source : le trône « est trop jeune pour enfanter ; il emprunte en- « core, et ne prête pas déja la puissance. » (*Idem.*)

En ce peu de mots, la question était posée, était résolue.

Quant à se faire les pairs des Français, cela ne se peut par l'entremise, par l'intervention du roi des Français, qui lui-même est mandataire, effectivement parlant, est révocable, éventuellement parlant.

Que ne pourrait-on pas dire à ceux qui seraient faits pairs, par celui à qui on peut dire : *Qui vous a fait roi.* (*Débats*, 20 août.)

Par celui qui était fait roi par la charte, qui est défait roi par le projet d'article, au moyen de ces catégories entravantes, insultantes.

Se faire les pairs des Francais, de même cela ne se peut par le simple procédé de l'apposition de son seing, en façon de visa, au bas de l'article en remplacement discuté et délibéré ailleurs.

D'autant que la chambre élective propose seulement : c'est la chambre inamovible qui finalement dispose, qui dispose de la pairie au profit de ses membres, qui dispose du pays et dispose de l'état, au péril des sujets, au mépris des citoyens.

Qu'on cherche autre part ; qu'on rentre en soi-méme : qu'on voie ce qui est.

Et qu'on donne une éminente leçon! qu'on ouvre une voie capitale!

Même, il n'y a peut-être qu'une épreuve à tenter, que des jalons à placer.

Mais, l'occasion se rencontre propice, et se retirerait vite, et ne se retrouverait plus.

« Il s'agit non-seulemont d'organiser la pairie, mais encore d'organiser la patrie.

« Ou plutôt celle-là, existence accidentelle et secondaire, ne prendra vie qu'après celle-ci, existence première et essentielle ; attendu qu'elle ne peut tirer vie que d'elle.

» Et pour lors, de même qu'à présent, mais, par la raison inverse, à peine faut-il parler de la pairie.

« Car la patrie vraiment instituée vit à part de la pairie ; au lieu que la pairie constituée au mieux, se meurt à défaut de la patrie. (*La vérité politique.*)

Or, il faut voir de haut, voir au large.

Tout est à rebours.

L'État pèse sur les intérêts, et la patrie échappe au sentiment.

Là, une règle rude et raide s'applique, aux lieux les plus distans, aux cas les plus divers ; étant d'autant moins juste et apte quant aux spécialités, qu'elle est mieux conçue, mieux calculée dans sa généralité.

Ici, quelqu'ombre frêle, gisant au sein des nues, se laisse à peine apercevoir, et ne sait point se faire entendre.

Entre la patrie et ses enfans, entre la cité et ses membres, entre l'Etat et ses sujets, le lien équivalent en force à un fil d'araignée, flotte au hasard et se brise d'un souffle.

D'où, les intérêts se mettent en révolte contre le pouvoir : et manquant d'être guidés, d'être retenus par le sentiment, ils entrent en lutte, et se blessent à merci, et se battent à outrance, au risque de la ruine commune, de leur propre ruine.

On le voit, on le sent : mais on ne sait pas assez que sur la route fatale, il n'y a encore qu'un pas de fait.

Les différends ne sont que de l'ordre politique : ils ont à devenir de l'ordre social.

Lisez donc *la Loi des circonstances*, *les Périls du temps*, *les Nécessités de l'époque* : et vous aviserez, si toutefois vous comprenez.

Il y a quarante ans que cela a été dit :

« L'homme se tait encore ; le citoyen se taisait « aussi. Tout a son terme : le premier droit qui « soulève la pesante main du Temps, ouvre un « passage facile à tous les autres droits. » (*Les Prédictions de* 1790.)

Et cela est juste, de cette sorte d'équité native ou innée, qui devait inspirer la légalité positive ; et que souvent elle veut, que jamais elle ne peut étouffer.

Qu'on se hâte donc : qu'on tente du moins.

Il importe d'abriter les intérêts contre le pouvoir, de rattacher les sentimens à la patrie.

Ce qui s'obtiendra à la fois, en érigeant des sièges intérieurs, inférieurs ; où s'exerce le pouvoir plus à propos, moins au hasard ; où s'aperçoive la patrie, à tous les jours, par tous les sens.

Les communes urbaines ou les cantons ruraux, et les provinces naturelles : voilà le mot.

Déja, combien de pages n'ont-elles pas été consacrées à prêcher le grand œuvre : se saisissant de l'occasion propice de la pairie ; et tantôt exprimant comment la nécessité prescrit un tel mode ; tantôt exposant comment, en tout autre sens, l'impossibilité se rencontre.

Le grand œuvre est attaché à l'acte de la pairie;

D'autant que l'instinct répugne et que l'esprit repousse, rien que les anxiétés, les angoisses à ce sujet, sont capables de surmonter l'instinct, de subjuguer l'esprit.

Si c'en est fait pour la pairie, c'en est fait aussi pour la patrie.

Tel est le thême. Personne ne le renie en droit, comme aussi personne n'y accède en fait.

Si le triomphe ne doit pas être obtenu à la première tentative, les terribles souvenirs, les sinistres présages imposent de même, le devoir de travailler, de concourir.

Ici, et de part et d'autre, arrière les calculs de personnalité, les habitudes de partialité.

Quand il s'agit de la chose, être immuable, incommutable, il n'y a pas à s'occuper de l'homme, existence fragile, éphémère.

Certes, en de tels temps, ceux-là même qui se mettent tant en frais et en peines pour l'organisation de la société, ou ne sont point induits par leur intérêt, ou seront trahis dans leur attente.

Ils auront défriché : d'autres récolteront.

Qu'importe! *il n'y a que des questions de temps*, a dit la *Quotidienne* (18 mai), cette fois naïve ou sensée.

Si cela est trop vrai, dans les considérations de haute politique, cela est aussi vrai, quant aux oscillations de l'opinion publique.

L'homme changera, la chose restera.

Et, de plus, la chose étant sage, étant juste, tend à rendre l'homme et sage et juste.

En France, le pouvoir est adonné et comme dévoué à se perdre lui-même.

Laissez faire ses amis, et ne laissez point agir ses ennemis.

Les entreprises de violence et de perfidie ne sont comprimées, balancées, que par les attaques de la faiblesse et de la folie.

*Sachons attendre, laissons passer la justice de Dieu*: ainsi que dit la *Gazette* (12 avril), à son tour naïve ou sensée.

Le thême est un : les modes sont infinis.

Election à deux degrés, élargie à sa base, resserrée au sommet.

Election par circonscription étendue, comme par ressort de cours royales (1).

---

(1) Il faut plutôt prendre le tipe du mode d'élection dans ces paroles du rapport :

« On a proposé de confier le soin de former une candidature, aux conseils-généraux électifs, en les réunissant aux chefs-lieux des cours royales.

« Ce moyen présenterait l'avantage de lier l'institution de la pairie aux institutions départementales, de telle sorte qu'elles se prêtassent un mutuel appui; mais on se trouve arrêté par la crainte de donner aux conseils-généraux un *caractère politique*, tandis qu'ils doivent être exclusivement occupés d'intérêts locaux. On peut appréhender aussi que cette réunion ne favorise le développement de *certaines idées*

Election sur un registre ouvert, et sous des formes lentes, et à la majorité relative.

Au reste, il est des esprits d'application, des esprits de conception, rarement réunis dans une tête.

La tâche est ébauchée: que d'autres l'achèvent!

---

*de fédéralisme,* qui pourraient devenir si fatales à la France.»

Seulement, au lieu de la crainte et de l'appréhension, c'est l'espérance, c'est l'ardent désir, qui s'attachent au caractère politique, aux idées de fédéralisme. (*De la chambre inamovible.*)

# NOTE.

*Amendement de M. de Mosbourg* (17 octobre).

« Les membres de la chambre des députés ne pourront jamais être élevés à la pairie pendant la durée de la législature à laquelle ils appartiendront, même quand ils cesseraient d'en faire partie, par démission ou autrement. »

*Extrait des développemens.*

« Nos délibérations viennent de changer la constitution de la pairie; le privilège de l'hérédité n'existe plus, et les circonstances semblent rendre inévitable une promotion nombreuse à la chambre inamovible. Les illustrations, les hautes notabilités que nous comptons dans cette enceinte peuvent attirer les regards du roi; mais n'en coûterait-il pas à des membres de cette chambre d'aller immédiatement occuper au Luxembourg des places que leurs votes leur auraient en quelque sorte préparées, et d'aller s'asseoir par l'effet de leur propre loi à côté de ceux dont les titres de famille transmissibles auront été changés en des titres personnels et simplement viagers?...

« Je ne développerai pas davantage, Messieurs, une idée que votre délicatesse comprendra mieux que je ne saurais l'exprimer, et je me bornerai à vous dire qu'en suivant l'impulsion de cette délicatesse si naturelle au caractère français, vous rendrez au pays le plus grand service que, dans cette conjoncture, il puisse attendre de vous. Rien, en effet, ne peut mieux qu'un désintéressement incontestable et absolu de notre part, attirer le respect de la France et de l'Europe sur le grand acte qui va émaner de nous, et sur l'institution qne cet acte aura fondée....

« En imitant ce qu'il y a de noble et de généreux dans la détermination de notre première assemblée nationale, nous n'imiterons pas ce qu'il y eut de hasardeux et d'impolitique; car, au lieu d'abandonner sans défense nos institutions, nous conserverons au poste où il est le plus important et le plus facile de les protéger, les hommes les plus capables de leur donner nn ferme et solide appui.

*Réponse de M. le Rapporteur.*

« Il est assez naturel qu'un corps politique qui est appelé à prononcer sur une question dans laquelle il peut être intéressé lui-même pousse la générosité au point de s'en exclure.

« Ainsi l'assemblée constituante eut cette générosité; elle s'exclut elle-même de la législature qui suivit, et vous savez quelles fâcheuses conséquences en résultèrent. (Sensation.)

« Je ne pense pas que la chambre actuelle se laisse aller à un entraînement pareil, et dans la supposition où quelques esprits y seraient disposés, je crois utile de lui rappeler quel est sous ce point de vue le jeu de notre gouvernement.

« Lorsque l'équilibre serait rompu entre les deux chambres, et que la chambre des pairs abandonnerait les intérêts populaires, et qu'enfin la couronne serait obligée d'y introduire de nouveaux membres, où voulez-vous qu'elle les prenne, si ce n'est dans la chambre qui donne tous les jours des garanties de ce même intérêt, et où de grandes notabilités populaires se forment et se font connaître? Messieurs, les membres de la chambre des députés sont admissibles à toutes les fonctions publiques, et ils seraient exclus des fonctions les plus élevées, les plus importantes, celles où l'on peut rendre le plus de services au roi et au pays. Je crois que la chambre sentira la valeur de cette considération, et qu'elle rejettera l'amendement. (Aux voix! aux voix!)

« L'amendement est mis aux voix et rejeté à une très grande majorité. » (*Moniteur du 18 octobre.*)

Osons le dire : rien de mieux quant à la chose; rien de pis quant aux hommes.

Et devant, autour, derrière la chose, qu'y a-t-il donc, sinon des hommes?

Au cas que la théorie soit mise en pratique, la chambre des députés se transforme en l'antichambre des pairs.

La lice est ouverte aux luttes : la raison fait place à la passion; le patriotisme cède le pas à l'égoïsme.

Tantôt en fléchissant devant les ministres, tantôt en se regimbant contre les ministres, chacun va à son affaire, à la pairie.

Si bien que pour le cabinet, il faut périr, soit par la violence d'une chambre, soit par l'avilissement de l'autre.

Or le mal gagne, se propage dans les collèges, où il n'y a plus qu'à juger, qu'à choisir entre les aspirans à la chambre inamovible.

Si bien que pour la couronne, il faut subir le joug des candidatures populaires, en une façon moins directe et moins droite aussi.

Voilà le vrai de l'avenir.

Il appartient au cabinet, à la couronne d'aviser à temps d'agir à propos.

Il appartient à la pairie surtout, de se montrer deux fois grande et haute.

D'abord en se résignant au sacrifice que commande le salut de la patrie ;

Puis en s'opposant à ce que la perte de la patrie dérive de ce sacrifice même. (*La Pairie jugée par les pairs.*)



---

*Des Mots vides de sens.*
*La Vérité politique.*
*De la Chambre inamovible.*
*La Pairie jugée par les pairs.*
*La Pairie : Les Pairs viagers.*

---

DE L'IMPRIMERIE D'A. PIHAN DELAFOREST,
rue des Noyers, n° 37.

www.ingramcontent.com/pod-product-compliance
Lightning Source LLC
LaVergne TN
LVHW020312230826
846091LV00006B/2640

* 9 7 8 2 0 1 1 7 8 6 5 3 1 *